Dan Becker

Es läutet im Innern

Lyrik, Gedichte
und
Illustrationen

Mit freundlicher Empfehlung für eine paar ruhige Stunden.

Dan Becker

Dieses Buch ist auch als EBook erhältlich.

Zweitausgabe – unlimitiert

Textredaktion/Lektorat: Bettina Droese, Berlin
                        Ulrike Albrecht, Stahnsdorf

Schrift: Trebuchet MS

Verlag: BoD · Books on Demand GmbH, Überseering 33,

22297 Hamburg, bod@bod.de

Druck: Libri Plureos GmbH, Friedensallee 273, 22763 Hamburg

ISBN: 978-3-8192-4933-4

Inhalt

Vorwort

In einer wohlstrukturierten rationellen Welt ist immer mehr das Gehirn das Navigationssystem des Menschen. Wir machen uns Gedanken über morgen, das was kommt - und versuchen den Weg mit dem Denkapparat für uns gangbar zu machen. Logisch denkend, zielgerichtet. mathematisch, nachvollziehbar, strukturiert, es soll stimmig sein. So wird es uns von früh auf beigebracht. Die Gehirne sind gepolt, ja nahezu hypnotisch fixiert auf eine Welt als Schachbrett mit vorgegebenen Regeln und Lösungen. Sorgen sind dabei vorprogrammiert.

Doch Sorgen sind sinnlos, - sagt da ein Tibeter auf dem Berg. Dort, auf dem höchsten Gipfel, wo er erkennen kann, was des Lebens Wege sind. Und die stehen für jeden anders im Buch seines Lebens. Dieses Buch lesen zu können, auch darauf kommt es an. Nicht nur auf die Perfektion im Schachspiel der Zivilisation. Nur so können wir unseren ureigenen Weg erkennen und gehen. Wenn wir Zugang zur Intuition haben, dann gehen wir nicht am Donnerstag den 07.10.2077 aus dem Haus und laufen vor ein vorbeifliegendes Beförderungsmittel. Wir wüssten: heute ist Ruhe und in mich gehen angesagt, alles andere lass vorbeiziehen.

Aber wie soll man das nur können? Zum Beispiel indem wir ganzheitlich leben. Mit Gedanken, Gefühlen und Intuition. Mit Herz und Verstand. 360° leben. Positiv, negativ. Lachen und Weinen. Dabei kann Lyrik behilflich sein. Sie wird oft als Produkt für Lebensfremde erklärt. Etwas, nur für ruhige Stunden - oder für Träumer.

Lyrik ist mehr. Lyrik kann ein Spaten sein, der den Boden des Unterbewusstseins umgräbt, Gedanken und Gefühle zusammenbringt und ein Treffen mit der Intuition verabredet. Der Blick für die Ganzheitlichkeit und die Sinnigkeit des Lebens wird geöffnet. Es läutet in Innern.

Je mehr wir all unsere Fähigkeiten nutzen, umso sicherer surfen wir auf dem Fluss unseres Lebens.

Dan Becker

Güte und Liebe wären länger.
Alles andere vergeht.

An die Frau

Mit dem Eindringen umgibt mich schon
pulsierendes Leben.
Mit jedem Stoß, ein Stückchen näher
heran an dich - zu unserem Ziel.
In mattes Licht getaucht, die Brüste,
dein Haar –
ein Rahmen für das strahlende Gesicht.
Mein Stern kommt näher, zerspringt vor mir,
und - saugt mich auf als Gegenpol.
Kurze Zeit in einer anderen Welt,
lege ich mich auf eine Wiese
aus vierblättrigen Kleeblättern
und schaue dann
durch deine Augen -
noch einmal ins Paradies.

Für dich

Nur leise
jedem Atemzug zu lauschen,
in das Flüstern
deines Lebens
unendliche Zärtlichkeit zu deuten,
öffnet unsere Welt.
Leise, ganz leise
höre ich zu
wie regelmäßig und unabdingbar
du dich erhältst.
So zaubert der Hauch
wieder und wieder
Wellen der Sehnsucht hervor.
Langsam entschwindet das Atmen,
langsam kommt der Schlaf.
Der Gedanke dich nicht mehr
zu hören
trägt eine Träne
mit in die Dunkelheit.

Es treibt mich fort

Und wieder habe ich eine Flasche mit Tränen gefüllt.
Ich kann nicht vergessen,
und auch nicht mehr geradeaus.
Es ist in meinem Innern,
dieses Gefühl.
Ich weiß nicht wohin ich mich wenden soll.
Niemand nimmt diese Last.
Ich weiß nicht an wen ich mich wenden soll.
Hab's schon erzählt
und keiner kann mit mir empfinden.
Nun hab ich es aufgegeben –
Wollt ich doch mit dir so weiterleben.
Ich habe schon wieder eine Flasche mit Tränen gefüllt.
Ein ganzes Meer ist schon voll.
Und ich hoffe –
dass du am anderen Ende des Ufers
die Wellen noch spürst.

Wir hörten nicht zu

Es ist so schön das Kennenlernen.
Doch alles, alles geht vorbei.
So sagte man es in den Straßen.
Wir glaubtens einfach nicht.
Welch Glück, denn – wer sind alle?
und – wo erlebten sie es schon?
Unsere Liebe - schön so schön,
war denn auch alles,
was das Leben für uns gab.
Und doch – des Atems Gleichklang kam,
das Hallen immer gleicher Schritte,
treppauf, treppab der monotone Klang.
Es war am Ende doch nicht alles,
worum das Leben uns betrog.
Das Lächeln blieb - ,
die Herzen füreinander.
So gingen wir die Strecke noch einmal
und liebten uns am hellen Tage.
Sommermals und winterda.
Verloren uns auch aneinander
und schön – war es noch allemal.

Susi sieht nichts mehr

Nur ein dunkler Fleck
im Sonnenlicht,
doch die darin steht –
sie sieht es nicht.
Schon lange,
lang war ihr so bang.
Nun denkt sie
es sei der Weltuntergang.
Die Beine sie zittern und beben
und sie denkt –
das werd ich nicht mehr erleben.
Sie schaut in den Abgrund
und zittert noch
während sie hinabstürzt
ins tiefe, dunkle Loch.
Sie schlägt auf am Grund –
und ein Sonnenstrahl,
beleuchtet die ganze bittere Qual.
Die Welt,
sie ist nicht untergegangen.
Nur die Sonne,
sie war ein wenig verhangen.

Wegbereitung

Nimm doch all deine Unsicherheiten
bei der Hand,
umsorge sie,
fütt´re sie
mit all den unverdauten Echos,
die bei jedem Schritt in diese Welt
entgegenhallen.
Zieh´ sie auf in der Gewissheit,
dass sie dir auf diesem Weg
irgendwann
über den Kopf wachsen.

Schnell weg

Entlang der Straßen meines Kopfes,
renne ich so schnell ich kann.
Kameras in den Gehirnwindungen,
Mikrofon am Mund.
Alles wird registriert und ausgewertet.
Gefühle müssen beobachtet werden.
Aussagen sofort analysiert.
Mimik taucht auf – von wo – warum?
Und ich lauf´ und lauf´ und lauf´.
Hinter mir hechelt die Angst –
wie ein großer, bissiger Hund,
will mich ergreifen, einkreisen und zubeißen.
Und ich lauf´ und lauf´ und lauf´,
lauf´ durch die Tunnel im Kopf.
Bleib´ ich stehen, hab´ ich verloren,
Dann packt sie mich, rüttelt mich durch.
Ich komm´` aber nicht weg.
Und die Schreie, sie gellen ins All.
So hilf mir doch, Mutter!
so hilf mir doch, Vater!
Doch heute da steh´ ich allein.
Das Laufen macht müde.
Ich stell´ mich -
Ich stell´ mich drauf ein.

Deutscher Mann

Auf eine Weise
war er gut zu allen.
Sorgte für alle.
Fleißig,
schaffte Brot heran.
Ein ehrbarer Mann.

Auf seine Weise
war er hart,
wollte männlich sein.
Zu viele Western,
zu viel unbewältigtes Pflichtgefühl,
und eine Brust voll Stolz
und deutscher Ehre,
und
einen Kopf.

Auf keine Weise
war er ein Mensch,
warm und geborgen,
mit Fehlern
und Zärtlichkeit
und er selbst.

Blick vom Mond herunter

Kein Windhauch regt sich.
Kein Engel auf Wacht.
Da treibt ein herrenloses Boot,
mitten durch die Nacht.
Die Mutter hat das Meer geholt.
Der Vater ist schon lange tot.
So treibt das Kind im offenen Meer.
Es fühlt den Schmerz und ist so leer.
Am Herzen tut sich's selber leid,
bleibt ihm am Ende nur noch Einsamkeit.
Schicksals Strom gönnt ihm bald Ruh.
Die Sterne schauen ratlos zu.

Beigaben

Es war so schwach,
so schwer zu hören -
das Wimmern hinter dichten Blättern.
Ich dachte noch beim Weitergehen,
bild ich mir das nur ein?
Ganz leise war es -
leises Weinen hinter dem Gebüsch.
Oder war es nur der Wind?
Auf dem Rückweg dann
am Abend – fand ich es
das Kind, schon tot.
Nun weint´s nicht mehr
und ich –
weiß nicht wohin mit meinem Schmerz.
Zu Hilfe, oh - Hilfe - dieses Wimmern.
Ich trage es nun innen - weiter fort,
weiter – bis zum Bestimmungsort.

Warum denn nur

In eine traurige Ecke
hat sie sich zurückgezogen.
Die anderen haben Obst
nach ihr geworfen,
vor der Schule auf sie gewartet,
um sie zu beschimpfen,
einfach so.
Sie kann doch wirklich nichts dafür
so geboren worden zu sein,
mit den wenigen dünnen Haaren
und dem Mal an der Wange.
Dabei hat sie so ein gutes Herz,
ist offen für jeden
und hat Mitleid mit den Bedürftigen.
Aber ins Herz, da schaut keiner hinein.
Heut´ haben sie Steine nach ihr geworfen.
Nun sitzt sie blutend im Gebüsch
und will hier nie mehr heraus.

Was soll das

Du sagst tu dies
und du sagst tu das.
Du sagst sei so
und nicht anders.

Am Anfang wolltest du
nur mich.

Im Dschungel der Gefühle

Ich bin – jetzt mitten drin,
im Purzelbaum des Schicksals – alles zirrt und bebt.
In der Schwingung der Gezeiten und der Monde,
vibriert das Leben ganz – bis unters Dach.
Hier in der Schwingung, hier –
da bleibst du lieber wach.
Der Tiger draußen lauert alle Zeit,
und wenn er dich erwischt – dann tut´s dir leid.
Nah bei allem – stehn die Emotionen
und inmitten der Gefühle
täglich - diese Explosionen.
Nur wenn ich schlafen kann kommt es zur Ruhe,
das Tier in mir in allen Dimensionen.
Das Tier, es streift hier durch den Wald
und das Gehirn es denkt – beib ruhig,
denn am Ende wird es kalt,
und dort am Ende, am Ende sind wir bald.
Es nützt mir nichts – das Auf und Ab
es hört nicht auf – es schwingt und zirrt.
Ob kleine Summer, Fliegen oder dicke Brummer.
Sie summen täglich durch den Innenraum.
Sie lassen keine Ruh – ich glaub es kaum.
Beim Weg durch Tage schlagen dir die Pflanzen ins Gesicht.
Blüten, Farben, Blätter, da siehst du manchmal nichts.
Im Dschungel der Gefühle - es lässt mich nicht mehr los,
streif ich durchs Leben, wachse, werde groß.

Warum schaut ihr so

Eines Morgens erwachte ich
leer und sah nicht viel,
noch benommen vom vielen Wein
und -
ich konnte mich an nichts mehr erinnern
was gestern war,
nur verschwommen, wo ich bin.
Beim ersten Bissen vom Brot
flog an meinen Augen
wieder das Flugzeug vorbei,
das aus dem letzten Traum.
Es zerschellte am Acker
direkt hinter dem Haus.
Eine kleine Maschine,
grau, unauffällig, zwei Propeller,
vier Menschen an Bord.
Sie schauten mich an – so erstaunt,
mit weit aufgerissenen Augen.
Ich schaute aus dem Fenster
und mit einem Mal
war ich wieder mitten im Traum.
Gleich hinter dem Haus –
wo der Acker beginnt,
da stand sie, grau – unauffällig.
Die Flasche von gestern stand auch noch da -
mit einem Ruck war sie am Mund.
Bloß schnell alles wieder vergessen.

Abschiedsträne

Das Leben der Wesen
ist wie ein Blatt am Baum.
Ein Windstoß nimmt sie mit –
und im Herbst,
da gehen alle nieder.
Und keinen – Keinen –
siehst du jemals wieder.

Ich freue mich

Wieder mal schau´ ich in die Wolken
und denk´ an Dich - große Kraft.
Denke daran
wann ich Dich zum ersten Mal hörte
und wie ich mich freue
wenn Du mich besuchst.
Jeden Tag webe ich einen Faden
In das Strickmuster meines Lebens.
Fäden aus Licht
die Deinen Namen bilden.

Grundlos

An einem Morgen im Mai.
Sinnlose Freude
vernebelt mir den Kopf.
Grundlos vergnügt
sammeln sich die Gefühle
zu einem Sturm der Ausgelassenheit.
Die Straße ist bunt und voll.
Passanten strömen mir entgegen,
mit großen Nasen, verdrehten Augen.
Gekreuzte Beine und ein lila Hut.
Kann es so etwas geben,
einfach so grundlos vergnügt.
Vorn kommt eine Biene
so einfach direkt auf mich zu
und sie lacht beim Vorbeifliegen,
ganz nahe am Ohr.
Ein zarter Windhauch berührt mich
mit der Frage von ihr
warum das bei uns nicht immer so ist.

Hörst du nicht

Sie sagten ich sei nicht folgsam,
ich höre nicht zu,
tue nicht was aufgetragen sei.
Doch hörte ich sie.
So wie man eine Fliege am Ohr hört
und etwas anderes sieht.
Es war, als säße ich in einem anderen Zugabteil
oder in einem ganz anderen Zug.
Ich konnte unter dem Bett sitzen
und Bücher lesen,
was um mich herum war vergessen.
Das hatten sie halt vergessen.
Lange dachte ich etwas wäre falsch.
Ich funktioniere nicht richtig.
Irgendwann in einem Sonnenstrahl,
sagte Gott mir dann aber,
ich sei einfach anders und kann ruhig sein.
Ich bin nicht folgsam.
Ich gehe dann mal – meinen Wünschen entlang.

Siehst du, was da ist

Die Glocke hat 17 mal geschlagen.
Da stimmt was nicht.
Was wird` ich ihr nur sagen.
Seit 17 Uhr denk ich an sie,
da kommt sie mir entgegen.
Die Brust ist frei, der Rock ist hoch,
das kommt mir sehr gelegen.
Die Glut sie kocht, sie schürzt die roten Lippen.
Das Herz es pocht und sie so frei
sie lässt sich nicht lang bitten.
17 mal da stimmt was nicht.
Es geht so schnell sie brüllt,
ich streich ihr übers Fell.
Im Auge spiegelt sich - die Löwin –
abgrundtiefe Blicke.
Sie reißt das Maul auf –
hier stimmt was nicht, ich wusste es
und stoße zu.
Ich stoße tief und tiefer.
Der Saft er rinnt.
Er tropft so warm, so glühend schön
von ihren roten Lippen.
Ich hab`s getan und stürze mich,
nun doch noch von den Klippen.
Noch 17 mal dann schlag ich auf.
Hier stimmt was nicht, was ist es nur.
Zu schön des Schicksals Wende.
Dann lass doch los, vergiss es jetzt,
das Abendrot – die Blicke
und was da kommt, am Ende.

Verträumte Stunde

Mit unendlicher Konzentration
auf Nichts
begegnen sich starre Gesichter
noch fast in Schlaf verpackt.
Bewegte Bilder schleichen sich
über die Tautropfen
in den Gehirnwindungen.
Erste Geräusche drängen sich,
um Zugang zu finden
in Verarbeitung.
Der frühe Sonnenstrahl
zerbricht die stille Harmonie:
so flieht der letzte Traum,
sich zu verpuppen
in Dunkelheit und Kraft.

Du fehlst mir

So sitz ich hier, hab endlich eine Pause.
Ich sinne vor mich hin und sehe dein Gesicht.
Ich liebe dich, dein Antlitz, deine Augen.
Weit vorne seh´ ich einen Strauch voll Rosen.
Ich denk daran wie du es sagtest,
wie sehr du diese Blumen liebst.
Und du mein Stolz, du meine Rose –
die Tränen fließen ungehemmt in unseren Fluss.
Du meine Blume –
bist mir hier in dieser stillen Stunde,
was anderen ihr Kind sein mag.
Ihr Liebstes, alles was sie tragen,
was sie denn lieben ohne Unterlass.
Das bist du mir – für immer hoffentlich.
Mein Lied, mein Leben, meine Schöne.
So sitz ich hier – die Pause sie vergeht.
Ich deck dich zu in meinem Innern,
damit mir alles nicht zerrinnt
und stehe auf – im bitteren Gefüge –
Ich stehe auf, nehm mein Gewehr
und ziehe weiter in den Krieg.

Hüter der Insel

Ich möchte gern einmal wieder
mit dir entfliehen
in die Wälder des Glücks
und die Himmel der Sterne.

Wie Kinder - sind wir
in den Straßen der Träume gegangen,
nur Bilder, Licht und Schönheit
nahmen uns gefangen.

Heut laufen die Tränen der Tage
die Wangen herab –
so grau –
liegt die Leichtigkeit in der Ferne.

Nun schweb ich hinauf
und stell mir die Frage,
wann füllen wir nochmals die Kelche
mit Himmelslicht.

Wann tauchen wir in die Blumenmeere
verlieren des Lebens Schwere -
leicht und losgelöst
wie die Kinderträume.

Kannst du dich erinnern

Kannst du dich erinnern,
als wir aufeinander warteten,
miteinander spielten,
an uns herumknabberten voller Vergnügen?
Kannst du dich erinnern,
als wir noch in einem schwankenden Boot saßen,
glücklich und zugleich erschrocken
über jede Welle die daherkam,
und uns hindurchfloss.
Kannst du dich erinnern,
was wir uns versprachen
ohne es zu sagen,
was in unseren Herzen flimmerte und flackerte
und heute noch brennt.

Allein

Kalt schließen dich die Wände ein,
kein Fenster ist geöffnet.
Der nächste Mensch
ist längst schon nicht mehr da.

Erst so entfernt –
erschien die Einsamkeit,
aus der kein Weg dir zeigt,
wie lang dies alles
noch dauern soll.

43

Nur für Dich

Schöne Wellen treiben mich heut wieder,
auf den Kämmen dein Gesicht
und mein Herz schreibt Liebeslieder
und ein herrliches Gedicht.
Meine Liebe trägt mich nah
und auch manchmal in Gefahr,
Gestern Tränen auf den Wangen,
nahmen mich so ganz gefangen.
Doch jetzt lass die Vögel fliegen,
Du wirst wohl den Schmerz besiegen,
denk ich mir – und Gottes Segen,
wird das Richtige bewegen.

Ganz unten war's

Selbst in den Tagen wo es dämmerte,
war noch Licht in meinem Leben.
Nun - ist es so, als sei es erloschen.
Als gebe es kein Wasser mehr.
Die Wüsten weit – ein Ende nicht in Sicht.
Die Nacht so stille – klamm und voller Schrecken.
Leer – so leer ist jeder Tag.
Noch leerer – sind die langen Nächte.
Der Himmel hoch – und keine Sterne drin.
So leer war nie mein Leben
und keiner sagt, wo geht es hin,
mein Leben hier auf dieser Erde.
Ich leid es alle Tage, doch noch lang
geht der Weg zum Ende -
und ich will nicht darinnen sein.
So leb ich jede Stunde mit der Einsamkeit
die ich nicht wollte.
Ungerufen kam sie – nahm alles mit -
woran ich je geglaubt.
Oh Gott, verlass mich auf des Schicksals Stufen,
dass ich endlich – mein Verlöschen üben kann.

Neubeginn

Wohin? fragt mich
der Weg ohne Richtung.
Warum? fragt mich
der Wanderer
der lang gereiften Müdigkeit.
Noch einmal küsse ich
das alt verhasste Vaterland.
Verweile –
um mit Ungeborenem
Vergangenes abzustreifen.
Geh dorthin, sagt das Leben
und wird leiser.

Hingabe

Ich bin das Samenkorn
deiner Sonne.
Du hast mich hervorgelockt
aus unberührter Vollkommenheit,
Liebe.

Dir gebe ich mich hin
in jeder Maske.
Aus tausend Augen
will ich dich
beständig sehen,
Liebe.

Versteckst du dich auch
hinter vielen Gesichtern,
so gehörst du
doch nur mir.
Nun Tod,
so liebe mich auch du.

Hallo da draußen

Hallo ruf ich, doch keiner da.
Der letzte Mensch ist schon gegangen.
Nun bin ich ganz allein in dieser Welt.
Die Zelle ist verschlossen.
Das Licht geht aus.
Ich höre auf die Stille.
So undurchdringlich ist die Nacht -
so wie die Mauern – hier im Kerker,
der mich für lange Zeit umgeben soll.
Die Hoffnung –
trägt das Herz noch eine Weile.
Die Hoffnung –
dass ich hier nicht sterben soll.

Die Rummelsburg

Weit hinten liegt still das Wasser
mit den kleinen Inseln
und der Wald mit dem herausragenden Kirchturm.
Symbole des Friedens und der Idylle.
Davor – die Nicht-Freiheit
horizontal und vertikal angeordnet,
verbunden durch Schweißnaht
und tief in die Wand eingelassen
und –
in mir ist Stille.
Die letzte Sonne des Tages,
spiegelt seine feurigen Strahlen
in meiner blutenden Seele.
Der tiefste Antrieb – zu leben – wird
durch die Situation
der Lächerlichkeit preisgegeben.
Es gibt kein Vergessen.
Niemand –
gewährt den Anspruch auf Glück.
Niemals – und nirgendwo,
wird es Vergessen sein!

Besuch bei der Staatssicherheit

Schreie dein Leid in die Unendlichkeit.
Rufe ungehört die Sehnsucht
in ein taubes Ohr.
Ein kleines Gespräch mit Frau Desinteresse
und ein Kampf mit ungesehener Pein;
fand nicht letzter Tage
die Sehnsucht ihre Leiche?
Erstarb hier nicht meine Suche
Nach einem der mich versteht?
Vertrocknet auch die letzte Träne
auf einem blind gelassenen Auge.
So fand mich eine Stimme,
die mir zu sagen gab,
dass ich noch lebe.

Es schwebt so dahin

Es ist nicht schwer zu leben.
Jeder bestimmt mit,
wie tief er fallen will.
Wo seine Ziele sind.
Es ist eine Kunst sich zu bewahren.
Glück – sich zu finden –
in den Winden der Welt
und - der Dunkelheit der Nacht.

Was bleibt

Wir denken,
die Wahrheit der Welt
ist es,
die zu halten
wir in der Lage sind.
Doch unsere Fähigkeit
zu erkennen,
ist wie ein warmer Regenwind.
Mit der Zeit
kommt wieder Sonnenschein
und nur ein paar Tropfen
lässt er zurück.

Erfroren

Mit harten Zügen
und grauen Gesichtern –
erfrorenes Mitleid
bedeckt wie Reif die Augen.
So geht der Trauerzug
der Komödianten
entlang dem eisernen Trottoir.
Was sich an Menschen
hinter dem Sarg findet,
ist tief versunken
in das Versteckspiel
Sitte und Moral des Unvermögens,
Mensch zu sein.
Sogar den Widerwillen,
der ihnen unerreichbar war,
haben sie mit den Sehnsüchten
und den Wünschen nach Besserung
hineingelegt,
um nun dem Trauerzug
Geleit zu geben.

55

Veräußert

Das weiche zarte Wesen
verfing sich rasch
in starre Kräfte.
Die Sehnsucht nach einer heilen Welt,
die einst zu finden war am stillen Ort,
liegt angekettet nun
in ihrem Kerker.
Kein Wehklagen hat geholfen,
Kein Ruf konnte es vermeiden.
Niemand hat zugehört.
Schon von früher Jugend an
haben sie die Schlingen gelegt,
die Krallen ausgestreckt.
Jedes Wort in frühen Tagen
legten sie als Wahrheit dir ins Ohr,
dass auch das Gewissen sage;
das sollst du tun,
hier sollst du ruhn.

Nun bin ich ihre Marionette.

Schauer

Schauer prasseln auf die Straße,
biegen Halme auf den Wiesen.
Blätter fallen ab,
geschlagen von Schauern.

Schauer,
kalte, heiße, warme, weiße
durchrieseln mich,
wenn ich in deine Augen falle.
Perlen tränen unter meiner Haut,
wenn du mich küsst.

Schauer,
grausame, ätzende,
zersetzende,
prasseln auf meine Schädeldecke,
wenn ich die Panzer fahren sehe.

Schauer,
verderben mir den Hunger,
wenn ich den Hunger
und „SIE"
dann essen seh.

Schauer,
sie lassen dich spüren,
dass du noch lebst.

Vereinigung

Ich sehne mich,
wenn du so vor mir stehst,
nach Sonne,
die deinem Haar den Glanz verleiht.
Ich falle tief,
wenn zärtlich streichelnd deine Haut
die Träne rinnt:
behutsam leicht
von meinem Auge aufgefangen.
Ausgestoßen von der Liebe
sucht sie das Meer –
Vereinigung,
Ich sehne mich
nach dem Vergessen,
was ich weiß,
an deinem Mund.

So oder so

Don Juan vereist so mannhaft
die Liebe sehr schmackhaft.
Vom Waffenkönig gepriesen – oh gönnerhaft
ein friedvolles Nuklearchen.
Die Philosophen preisen
die alten Weisen
neu an.
Politiker verspotten sehr lachhaft
und unverzeihlich die Welt.
Der Papst barmherzt sehr machhaft
das Übel
für sehr viel Geld.
Und die Säuglinge säuseln sehr zaghaft
ihr ödes Gesumm.

Aussuchen

Das Boot der Liebe
hat uns aufgenommen
und fuhr dann
mitten durch die Nacht
schreib ich auf deinen Oberschenkel
warm, weich, schön
wie der nächste Tag
wo noch alles auf uns wartet.

Und ich lauf

Wo bist Du, wie geht es Dir?
Denkst Du an mich, fühlst Du wie ich?
Die Fragen bohren sich durch mein Gehirn.
Schon wieder schießen neue durch die Stirn.
Liebt sie mich, ach – liebt sie mich
und Tränen strömen ungefragt wie Perlen
süß wie deine Stimme – deine Sinne,
über mein Gesicht.
Sag – liebst Du mich?
sag's schnell, bevor etwas zerbricht.
Die Fragen bohren sich durchs Herz.
Das Ungewisse schweigt
und – Schweigen macht den Schmerz.
Die Fragen zelebrieren einen Tanz.
Ich tanze mit und ströme in das Netz,
um dich zu finden –
sende meine Strahlen aus.
Wo bist Du nur, wo find ich Dich?
Ich springe in das Auto, Motor an und schnell,
schnell zu Dir, bevor etwas zerbricht.
Ich bin schon da, ich lauf,
ich lauf und lauf nun zu Dir rauf.
Bis in den Himmel – alle Treppen.
An der Türe Dein Gesicht,
und Lächeln – an der Türe Deiner Augen.

Es lässt mich ruhiger werden.
Du schaust mich an verwirrt –
doch ich verrate nicht,
was diese Liebe mir verspricht.
Ich will sie immer wieder neu erleben.
Ach lass uns einfach alles geben,
was des Schicksals Herz von uns verlangt.
Lass unsere Flüsse einfach beieinander sein.

Ich gehe mal

Ich gehe jetzt,
verlasse meinen Hof.
Verlasse nicht – das Leben ganz.
Lass liegen alle Sicherheit,
gelernte Schritte,
große Schuhe.
Ich brauche sie nicht mehr.
Fang an – nach mir zu suchen,
etwas zu finden
was ich auf verlassenen Straßen
zurückgelassen habe.
Ich gehe jetzt.
Ein Stern wird schon am Himmel stehn.

Veränderbar

lange hab ich mich verschlossen,
eingemauert in vergangne Angst.
Lange griffen die Krallen
der Unvergesslichkeit ins Herz.
Die Zeiten überdauerten
den Willen,
in den du nun dringst
und mir zeigst
dass Vertrauen
neue Welten öffnen kann.

Auf ins Feuer

Wagt sich
ein Schrei der Sehnsucht
an das Tageslicht,
versucht dich zu überrennen,
holt
aus inneren Tiefen
neue Welten an den Horizont,
so gib dich auf
und hab den Mut,
des Schicksals Knecht
zu spielen.

Sehnsucht

Nun steh ich hier.
Will lieber mit dir durch die Wälder ziehn.
Wo Wiesen stehen und Blumen blühn.
Wo Schmetterlinge unsere Blicke tragen.
Wo schöne Augenblicke auf uns warten.

Mit dir wandeln durch die Ewigkeit.

Was war da

Die Schlange
sie hing
am Baum der Erkenntnis,
und
alle jubelten in der Arena.
Sie sollte
eine Hauptrolle bekommen,
in der Geschichte
die jemand gestaltete,
und einen Bestseller landete.

So weit hinaus

Schon seit dem ersten Schultag
freute sie sich so darauf.
Die Großmutter hatte so viel Schönes erzählt.
Was wir alles mit dem Herzen erspüren
und von den Wundern - die es gibt auf der Welt.
Nun war es soweit, der erste Religionsunterricht.
Es war wie erwartet, so voller unglaublicher Dinge.
Nur eines verstand sie nicht ganz –
sie sprachen heute auch ein Gebet.
ein Satz – er verließ sie nicht mehr;
- lieber Vater im Himmel -.
Alle sprachen es gemeinsam
und an dieser Stelle - genau –
war es wie ein Ton - aus nur einem Munde.
Es schallte weit in den Raum
- lieber Vater im Himmel -.
Schon auf dem Weg nach Hause
schaute sie immer nach oben.
Die Augen wanderten hin und her.
Schon glaubte sie ihn hinter den Wolken zu sehen.
Sein Lächeln – so hell und so schön
es erfüllte ihr ganzes Herz.
Wieder zu Hause hatte sie für nichts einen Sinn,
Hatte keine Augen für Mutters Essen,
wollte nicht spielen, nicht ruhen.
Sie ging in die Scheune um die Leiter zu holen

und kletterte ganz bis nach oben –
hinauf auf das Dach.
Die Augen sie suchten den Vater im Himmel.
Lange – sehr lange blieb sie dort oben.
Die Sonne sie brannte - verstellte den Blick,
dahinter, vermeintlich - da spendet er Licht.
und sie suchte und suchte
mit offenen Augen und offenem Mund.
Das Licht – es strahlte heller und heller.
Sie dacht´ ihn zu sehen,
das Herz schlug so schnell.
Ein Schritt war daneben –
und sie rutschte vom Dach,
rutschte schneller und schneller
mit verdrehten Augen und lächelndem Mund
zerschlug sie am Boden.
Mit einem Mal - - war sie bei ihm.

Verlassen

So komm doch
einen Moment,
bedecke
meine Einsamkeit –.
Denn mutlose Stille
scheint heut gebieterisch
mein Los zu sein.

73

Unbezähmbare Zeit

Dunkelheit –
treibt inmitten zaghafter Hast.
Ein Schritt –
mit millionenjähriger Last.
In jeder Bewegung,
zähflüssig - die einzige Regung,
- Leben -.
Und stumm stehen die Eichen,
ihr altes Lied.
Der Anfang begreift das Ende – verschlossen,
und in der Zeit verhallt jedes Wort.

Das Leben ein Hauch

Wie ein Strahl durch die Tage,
gehst du meist auf dem Licht,
wie ein Hauch durch die Berge,
und dann wirst du zu nichts.

Spiegelung

Der Tag an dem ich einst Satan rief,
war ungehört.
Die Hilfe, die ich brauchte,
ließ lange auf sich warten;
Alltagsleben schloss sich an,
mich ein
in sein Getümmel
und Vergessen
erreichte mich.
Doch lange Zeit
gebar
das Samenkorn des Wunsches -
dem heut nun
meine Angst gehört.

Einheit

Geh
einen Weg,
den der Charakter legt.
Nicht tausend Köpfe
spielen dir
den Einen
wieder ein.
Und überwuchern auch
noch andere Früchte
dieses Lebens
deinen Weg,
so bleibe doch verwurzelt.

Einfach so

In düsteren Gassen -
was tue ich jetzt,
kann ich noch nicht fassen
dass du mich verlässt.

Wo sind deine Worte,
wo ist unser Sein?
An keinem der Orte
wo ich heute wein´.

Vorbei
sagtest du so leicht
und noch tausendmal,
sinne ich der Lüge
und - bette mich in Qual.

Vorbei
leicht, und ohne Mühe
hast du es ausgesprochen,
und mir damit
das Herz gebrochen.

Welches Versprechen

In jeder Minute ohne dich
ist nutzlos eine Welt vergangen;
Mit deinen Blicken reißt du mich
in ein brennendes Verlangen.

Sagtest du in jenen Stunden
in denen ich die Wahrheit hasste.
Doch dann schlug die Zeit auch Wunden,
bis unsere Suche dann – verblasste.

Jedes Wort von dir gesprochen,
hallt so schmerzlich an mein Ohr.
Hat das Schicksal uns gebrochen,
fragt des Lebens Ahnenchor.

Nun – in unseren alten Straßen,
wo es kein Vergessen gab,
blickt das Auge nun verlassen
in ein sternenleeres Grab.

Auf dem alten Gleis

Tragen wir
all unsere Sehnsüchte aus.
Leben wir –
unsere Hoffnungen
bis zum Ende.

Beschattet uns
das Leben auch,
folgt eine Krise
dem Kummer,
so gehen wir doch weiter.

Wir kennen unseren Weg
so genau,
kennen unsere Gefühle
und wissen auch,
wie leer die Herzen sind.

Voll Gewissheit,
dass unser Gewissen
noch immer nicht vergessen hat -
baut uns der alte Traum
die Liebe in Beton.

Das Einzelne

Streben nach Teilung
der Erkenntnis
verrät
die Ruhelosigkeit der Existenz.

So siehst du ein
in diesen Kreis,
denn alle Maße geben an,
zu welchem Los
Bestimmung lebt.

Trotz aller Blüten
der Leidenschaften,
in einer Welt
wo alles nach der Weite ringt,
erkenn den großen Wert –
Besinnung.

83

Absturzgefährdet

Leise rauscht die kalte See.
Die weißen Flocken treiben wild umher.
Und neben mir – da sterben sie.
Wo willst du hin –
fragt lautlos fast der Wind.
Wer hält dich fest,
wenn es auch dich nach unten zieht?
Da laufen mir beim Abschied doch die Tränen,
denn alles – alles war nicht schlecht.
Dann bleib doch noch für ein paar Stunden.
Die andren warten schon auf dich.

Drum geh ich heut

Ich stehe hier schon auf dem Boot,
das mich zur and´ren Seite bringt.
Lebt wohl - ruf ich noch einmal
mit einigem Bedauern,
weil Ihr nun um mich trauern müsst.

Es ist fast nicht zu glauben.
Hab ich´s nun hinter mich gebracht.
Das ewige Auf und Ab.
Heut Freud und morgen Leid.
Nun schaue ich ins Licht der Ewigkeit.

An die gute Kraft

Komm und berühre mich,
auf dem höchsten Berg –
wo ich Dich erreiche.

Unbenannt

Nach diesen schönen vollen Tagen
mit deiner Liebe, deinem Duft
in einer Wiese voll mit Blumen,
bin ich nun wieder allein.
Nur Wind und blauer Himmel
und ein Gedanke,
der dir gilt.

Ich weiß, du kommst bald wieder.

Ich

Was bin ich?
Ein Schrei aus der Dunkelheit.
Ein Hauch aus dem Nichts.

Angst vor dem Wahnsinn
und das Verlangen –
nach ungebundener Zeit.

Ein Traum von Nirgendwo!
Ausgestoßen
von der Sehnsucht nach dem Wohin.

Aufkeimendes Bewusstsein
im Heute.
Zwischen Einsamkeit und Ewigkeit.

Und –
Der heimliche Wunsch,
niemals zurückzukehren.

Unbefangen

Es ist so schön,
weil ich immer noch
kleine grüne Männchen sehen kann -
in den Blumen,
und manchmal
einfach Kind bin,
und manchmal
wenn die Bienen
und die Summer kommen,
einfach mitsummen kann.

Ein Blatt im Wind

Ein Blatt im Wind
sagte mir
wer ich bin.
Lang –
hörte ich dem Raunen
gewesener Erfahrung -
verbrauchte dabei
die allgemeine Sicht.
Lang –
hörte ich ihm zu,
in mich hinein,
bis es mir zu Füßen lag.

Große Berührung

Als ich stand
inmitten einer Schar von Vögeln
Zwitscherschar,
drang ein Lichtstrahl in mich ein;
Mitten durch den Seelenflur,
bis ganz hinab – ganz auf den Boden.
Stark und kraftvoll das Gefühl - -
Wenn die Saat die mich berührte
aufgeht,
wird die Sonne ewig scheinen -
sternenhell und klar.

Am guten Werke wirken

Als Knechte des Guten
können wir in allem
auch nur Gutes vermuten.
Kommt es dann trotzdem
mal ganz schlecht,
ist uns das auch nur recht.
Denn daran können wir uns stärken
und wirken – in den guten Werken.

Der Plan

Die Stimme deiner Suche
verrät den Plan,
der um dich schwebt.
Jede Mauer
über die du steigst
und jeder Stein,
der von unsichtbarer Hand
aus dem Weg geräumt wird,
gibt Zeichen deiner Wahrheit.
Im Dunkel liegt,
der fast verlorene Blick,
für sich verknüpfende Zusammenhänge.
Das Schicksal – ein Rätsel
dem du Tag für Tag ins Auge blickst.

Gegangen

Trotz allem
habe ich mir
doch Mühe gegeben;
auch wenn nicht alles
wünschenswert ausging.
Nicht jeder Wunsch,
nicht jeder Versuch
findet Erfüllung.
Ich weiß, dass dies
leere Worte sind.
Doch
trotz allem
möchte ich nicht,
dass du mich vergisst.

Begegnung

Entstanden ist alles
aus dem Kreis der Gesichter,
die Gestalt annahmen
und siegten –
jenseits dieser Sicht
ist Sympathie aufgebrochen
und über die Schwelle getreten,
hierher -
bis zur Berührung.
Wie schon so oft,
öffnet sich der Schleier zweier Welten,
der Ball er rollt,
die Sehnsucht ist geweckt.
Lustvoll schwebt ein Erinnern
bis an die Schwelle der Vernunft.
Und das Verlangen -
liegt angekettet in der Brust.

Geschafft

Durchwachte Nächte in Schmerzen.
Du hast viel geweint viel gelitten.
Ich habe die Tränen aufgefangen,
ohne zu wissen, was noch passiert;
Ich war eine schwache Stütze,
ohne zu wissen, dass es gereicht hat,
dich vor dem Ertrinken zu retten;
Viele Nächte mit vielen Tränen,
ohne zu wissen,
ob sie uns ertränken
oder unseren schönen Garten bewässern,
in dem heute neue Blumen wachsen.

Unvergessen

Dein Blick hat mich getroffen wie ein Blitz.
Du hast mich angezogen wie ein Magnet,
noch schneller ausgezogen.
Du hast mich aufgenommen
wie ein klarer, ruhiger See.
Du hast einen Strudel gebildet,
aus dem ich nicht wieder aufgetaucht bin.

Nähe

Draußen ist es kalt.
Es ist dunkel vor dem Fenster.
Ich würde jetzt gern als runder Käfer
auf deinem Bauch sitzen
und nach dem Bauchnabel schielen,
einer Kuhle - weiß, schön,
und sie senkt sich auf und ab,
mit den Atemzügen,
denen ich so gerne lausche.

So lange

Ich bin tausend Tode gestorben.
Ich habe tausend Ängste erlebt.
Ich habe tausend Tränen vergossen,
aus lauter Liebe zu dir.
Ich bin tausend Tode gestorben
und hab tausend Tränen vergossen,
aus Angst, dass ich dich wieder verlier.
Ich bin durch tausend Welten geflogen,
und tausend Wege gegangen.
Ich hab dich lange gesucht –
doch heut bin ich hier.
Ich habe die große Liebe gefunden
und bleib nun für immer bei dir.

Manchmal vermiss ich dich

Auf der einen Seite lach ich nur.
Auf der anderen Seite fließt Bewunderung.
Auf der einen Seite bin ich ratlos.
Auf der anderen Seite kenn ich dich.
Auf der anderen dann wieder nicht.
Auf der einen Seite strahlt dein Lächeln.
Auf der anderen Seite die Erschöpfung.
Auf der einen Seite jugendlich.
Auf dieser Seite freust du dich.
Auf der einen Seite – lieb ich dich.
Auf der anderen nur mich.
So hüpfen ungeordnet die Gedanken,
voller Bilder nur von dir.
Ständig will ich dich erfassen
und kann so gar nicht von dir lassen.
Auch wenn du gerade weit weg bist,
wanderst du den ganzen Tag
so lange in meinen Gedanken herum,
bis du dort hinten um die Ecke kommst.

Ein wenig mehr

Sag mir wohin du gehst,
schweige nicht,
auch wenn mein Stolz
die eigene Stimme fesselt.
So höre doch die stille Bitte,
die in meinem Herzen
begraben liegt.
Warum bloß bilde ich mir ein,
ich Mann – muss stark sein,
darf nicht weinen,
darf nicht flehen?
Ach bitte –
geh nicht.

Mauern

Augen hart wie Stein,
doch schön wie Diamanten.
Heißkalte Frau!
Ein alter Traum
verbrennt
die Sehnsucht in mein Herz.
Verblendet
durch die Anmutigkeit
graziler Schönheit,
regen sich
verborgene Wünsche.
Doch fliehen tausend Masken
vor der Angst
hinweg
aus deinem Innern,
auf das schon lang
erwartete Gesicht.
So küssen
zwei fast verdurstete Wesen
durch die Unerschöpflichkeit
berechneter Verstellungen
die Quelle der Liebe.

So weit weg

schon beim Berühren der Haut
glaube ich,
hast du vergessen,
warum wir uns streicheln.
Die ersten Versprechungen,
so fürchte ich,
sind einfach abgefallen.
Wo sind die Worte
die wir sprachen,
in den Stunden
in denen wir wild waren?
Wo ist dein Erinnern
an unsere Sehnsucht?
In welche Weite gehst du,
wo ich dich nicht erreichen kann?

Wunsch

Unsere Berührung
Säht schöne Samen um uns aus.
Der Wunsch beieinander zu sein,
gießt die Pflanzen.
Die Liebe
rankt ein Rosenbeet um uns herum.
Ein Efeu
schlingt um kleine Stämme.
Wir in der Mitte
schauen in den Himmel,
wo die Sehnsucht
Schmetterlinge fliegen lässt.

Sensibel

Aus tausend leeren Augen
schaut die Drohung.
In einem Schritt wagt tausendmal
der Wanderer die Begegnung
mit dem Widerhall
der ungeschaffenen Harmonie.
Jede Bewegung
erschreckt
im Leben eine Resonanz.
Aus tausend leeren Augen
ruft ein klares Echo -
die Angst vor den eigenen Schritten.

Was bleibt auf der Strecke

Wohin treibt mich
der Strom der Welt,
der ungebeten
die Führung übernahm?
Die Rolltreppe
der Gegenwart ruft
komm mit –
und bringt mich wieder und wieder
in das Chaos Weltgetümmel.
Warum? –
schreit lauthals jeden Tag
die Umsicht -
verächtlich
ins Gewissen.
Und immer wieder
bohrt sich
der Zeigefinger
der Vernunft
in das Gehirn.
Und
immer weiter
verliert sich im Getümmel -
das Vollkommene.

Verloren

Treiben im Chaos der Gefühle,
zwischen dem Erfahrungskatalog
und Halluzinationen.
Befangen in den Ketten der kategorischen
Zuversicht
in einer dumpfen, blinden Welt.
Beklebt mit den Bildern des Selbstbetrugs,
eingemauert in einem schaurigen Palais
voller Würmer, Küchenschaben
und schöner Augen
und
dem Traum an der Decke
und draußen
hämmert der Presslufthammer der Gegenwart.
So wart – noch eine Stunde,
bis du dich wieder findest.
Und such –
aus den Weltkatalogen
dein Schicksal aus.

Hoffnung

Begegnet dir die Weltenlast,
gib dich hin und schenke
einem guten Ziel
Willen – der die Schritte lenke.

Am Wegesrand der Sinn

Wie viele Schritte gehen wir im Leben?
Welcher war daneben,
welcher davon hatte Sinn?
Denken wir auch mal daran,
welcher wohl der Letzte ist?
Welcher Mensch uns dann vermisst.
Sollten alles leere Schritte sein?
Unser Sein ein Hauch im Nichts?
Welchen Dingen geben wir Gewicht?
Damit wir nichts vom Sein verschenken,
wohin unsere Schritte lenken?
Frag ich mich am Morgen wieder,
bevor das Leben leiser wird.

Gedankenordnung

Farbige, schnelle Bilder
fliehen auf und ab,
bilden
außer wechselhaftem Chaos
Unbedingbarkeit.
Streng konzentriert
kommt eilig das Gedächtnis
zu Hilfe,
befreit
von Zwanglosigkeit,
und
gliedert sie ein
in die allgemeinen Regale der Ordnung.
Aufforderung wirft sie
in zweckorientierte Anwendung,
die von Zeit zu Zeit
den Staub beseitigt.

Ein-blick

Zwischen den Gräsern,
die ihre Arme
zitternd
gen Himmel streckten,
floss der Nebel,
füllte jede Lücke aus.
Ein Tropfen
vom Tau der Nacht,
löste sich
vom Blatt eines Baumes,
fiel mit Wucht
auf den Kopf eines Käfers.
Er brüllte
und schüttelte sich,
worauf
verschreckt
die Libelle,
mit ihrem Sturmflug,
eine Schneise in den Nebel trieb.

Geh mit – sagt wer

Auf die Wiese aller Triebe
stürmt ein Rudel wilder Tiere.
Hunde, Maden, Wiesel, Dromedare,
unbeherrschter Strudel -
heillos so treiben sie umher,
keine Lücke bleibt da leer.
Doch schnell kommen sie gleich angerannt,
die Wärter der Dinge – wohlbekannt:
Sie kennen keinen so gut wie dich,
die Wächter aus dem Über- Ich.
So einen wilden, ungeordneten Haufen,
den lässt man doch nicht einfach laufen.
Sie warten auch nicht lange,
und treiben das Rudel zum stehenden Zug.

Alle werden vor dem Leben entehrt,
weil er zur Anstalt der Vorbilder fährt.
Wollt einer gar überschwänglich werden,
den treiben sie gleich zu den äußeren Herden.
Wilde, sprießende Gefühle – Gedanken,
weisen die Wächter sogleich in die Schranken
und - um sich auf Erden ganz sicher zu fühlen,
nehmen sie dich lieber mit – ganz bis nach drüben.
Das Gefühl sagt, du bist im Gefangenentransport
und er fährt zum heut nicht erreichbaren Ort.
Dorthin, wo Farben in der Reihe stehn,
wo alle nur noch im Gleichschritt gehn.
Da, wo Impulse so gar nicht mehr leben,
könntest du dort noch dein Bestes geben?

Ruhig sein

Ein Tropfen vom Regen
verliert sich im See,
wird eins mit dem großen Ganzen.
Der Wind, er weht durch die Bäume,
zerrt an den Kleidern,
wirbelt die Haare durcheinander.
Dann wird er ruhig,
verschwindet in der Ferne.
Ein Ast fällt ins Wasser.
Du schaust zu,
wie die Wellen auseinanderlaufen.
Immer weiter - ins Endlose fast.
Die Zeit bringt Stille – -
spüre das Nichts.

Morgengruß

Hallo meine Liebe!
Vielleicht denke ich an dich
noch heute
und öfter
immer wenn ich kann, darf
ich dich
außerdem lieben?
Der Gedanke
fällt
heute aus,
denn meine Sehnsucht
hält mich
bei dir.

Ohne Beachtung

Niemand hat gesehen
wie deine Augen tränten.
Niemand hat dein Schluchzen gehört.
Immer wieder kollidiert dein Gefühl
mit den Wolkenkratzern
und immer wieder
wollen sie Rechenschaft,
nach einer Abreibung.
Erst kommt Häschen in der Grube
und dann –
das Kind im Betonuterus,
dann –
hast du benutzt
und wurdest benutzt,
in die Ecke gestellt.
Was ist geblieben?
Niemand sieht deine Tränen
und niemand hört dein Schluchzen.
Gib´s auf!
Fang an, diese Welt
mit realistischen Augen zu sehen.

Öffnung

Immer wieder -
so sagtest du,
würdest du mich aufnehmen,
mich
in deine Augen fallen lassen,
meine Sehnsüchte teilen.
Zu keiner Zeit -
so sagtest du,
wäre dein Herz verschlossen.
Ohne Ermüdung
hast du meine Angst geküsst,
die Starrheit weich gebettet.
Du bist nicht
vor meiner Maskerade verdurstet.
So hast du mir in vielen Sommern
das Vertrauen wiedergegeben.

Sammlung

Schnell und hastig
ohne Blick nach nirgendwo,
rät der Lebenswille,
bleibe nur im Streben froh.

Eile, eile
in der Kraft der Jugendzeit.
Warte nicht, auch eine Weile,
denn Erfolg hält sich bereit.

Sagt das Leben;
geh und werde!
Niemals tritt er aus dem Kreis,
wo der Vater ihm einst sagte –
dieses sei dein Herzbereich.

Flüstert lachend ihm der Gaukler
in das lebenstaube Ohr,
lass die Wahrheit jetzt erscheinen,
sammle dich – doch sieh dich vor.

Breche auf
den Weg nach innen,
streife die Vergangenheit
und dann sage dir tief drinnen,
Leben – deiner Wirklichkeit.

Ich wollte es nicht aufschreiben

Ich ging im Leben so vor mich hin
und nichts zu suchen das war mein Sinn.
Da sah ich im Lichte ein Röslein stehn,
wie die Sonne so golden und wunderschön.
Ich schnitt es und nahm es mit in mein Haus
und gabs meiner Liebsten – dem Augenschmaus.
Nach Tagen sah ich es wieder, verwelkt wie das Laub.
Ich dachte – noch wenige Stunden, dann ist es nur Staub.
Mit der Zeit kam Erkenntnis, dass alle Dinge vergehn.
Die Erkenntnis – ich wollte sie gar nicht gern sehn.
Der Großvater ging, die Mutter sie starb.
Wir brachten sie beide in ein vergessenes Grab.
Im Wechsel der Dinge besteht nichts auf der Welt.
Kein Lachen, kein Weinen, kein Haus und kein Geld.
Wenn alles vergeht – was bringt es dann schon?
So wie meine Blume – dacht ich voller Hohn.
Die Liebste stand vor mir – der ich sie einst schenkte.
Die Liebste die seitdem mein Schicksal mit lenkte.
Die Augen sie strahlten so schön - wollten sagen,
ich hab all die Liebe darin immer gerne getragen.
Sie sagten – gern hab ich sie angenommen
und leuchteten, als hätt sie sie grad erst bekommen.
Oh - ich dacht schon die Welt bringt nur Wechsel der Dinge,
egal was es ist, das man ihr auch erbringe.
Doch eins lebt ganz sicher in unseren Herzen,
ganz sicher vor Leid, vor Kummer und Schmerzen.
Wenn ein Sturm kommt – das trotzdem verbliebe
was in allem fortlebt – das ist die Liebe.

Eben noch

Eben warst du noch da.
Dein Geruch schwebt noch in allen Zimmern.
Ich spare mir den Atem auf,
damit es nicht zu schnell verfliegt.
Dort, wo du zuletzt gestanden hast,
klafft ein großes Loch,
wie ein herausgerissenes Fenster.
So wie der kalte Wind der nun hereinweht,
ergreift die Einsamkeit mein Herz.
Ich warte auf Dich.

Worte

Bevor du mir begegnet bist,
sprach ich zu der Wahrheit,
die die Vergangenheit mich lehrte;
nie mehr
geb ich mich der Liebe hin,
ohne zu vergessen,
wer ich bin.

Doch nun bin ich versunken
in dem Sumpf,
den du mir dargeboten hast.
Mit Wonne sprang ich hinein;
und wieder -
vergaß ich alles,
in dem Wunsch -
es möge ewig dauern.

Blick nach Innen

Es ziehen die Wolken am Horizont.
Ich habe keine Empfindung dabei.
Nur Ruhe und Einssein mit allem.
Lang habe ich in mich geschaut.
Es gibt nichts mehr zu entdecken -
nach so langer Einsamkeit.
Eine Möwe schwebt langsam vom Himmel.
Sie setzt sich auf den Ast gegenüber -
und blickt mir in die Augen.
Tief schaun wir hinunter.
Tauchen Seele an Seele zusammen ins große Meer.
Der Wind trägt die Wolken am Himmel entlang.
Der Tag zieht vorüber.
Das Leben folgt ihnen nach.

Ungewollt

Ohne mich zu fragen
haben sie mich geboren.
Gegen all mein Sträuben
haben sie mich aufgezogen.
Alle Sensibilität
haben sie übersehen,
haben mir ihre Angst aufgezwungen,
um sie auch gleich
gegen mich zu benutzen.
Ich wollte sie nicht,
habe mich gewehrt.
Nun wollen sie mich hier
in der Anstalt reparieren.

Blickwinkel

Rot ist der Himmel.
Purpurne Flüsse.
In blutroten Schmerz
ist der Planet getaucht.

Ernsthafte Stirnen
an verbohrten Köpfen,
tauchen uns alle
in endloses Leid.

Betonierter Glaube
in eng kanalisierten Gesellschaften,
zermahlt das Leben
in unserer Welt.

Kopf hoch

Hab keinen Hunger,
hab nur Schmerzen.
Geld ist alle,
krank am Herzen.
Die Sonne ist verhangen,
die Freude
Sie ist untergegangen.
So sitze ich am düstren Ort,
und das Leben -
es fließt einfach fort.
Schlimmer als der Tag nur,
sind all die Nächte,
wo ich die Minuten zähle
bis endlich ein Aufwind kommt.
Und keiner sagt mir –
wie lang es noch dauern soll.

Verfolgt

Es war an einem Tag im Morgengrauen.
Es scheint in der Hölle gewesen zu sein.

Er kam wieder – nach kurzem Warten,
um das alte Grauen von vorne zu starten.

Die Gedanken sie rannten,
die Gefühle sie brannten.

Des Vaters Schwert schlug hart zu,
und dazwischen – lag keine Ruh.

Zwischen den Schmerzen – wenig Zeit,
nur Schreie, und sehr, sehr viel Leid.

Alle wussten es in dieser Runde,
die Schreie - kamen aus dem eigenen Munde.

Kaum zu fassen

So lange habe ich nach ihm gesucht.
Mehr als mein halbes Leben,
bin ich an so vielen Orten gewesen
von denen man sagte
hier sei er gewesen;
und vielleicht auch noch da.
So viele Hallen, so viele Plätze
und nie war er dort.
Nur die Berührung – tief drinnen,
die nahm ich jedes Mal mit.
So füllte sich innen der Kelch -
von Mal zu Mal -
mit Freude, mit Licht und mit Liebe.
Jede Berührung tief im Gefühl,
die füllte den Kelch mit Leben.
Das Leben das ich nun habe - mit ihm.

Besinnung

Hinter all der Fülle,
wo Leidenschaft geboren wird,
wo Liebe, Hass
und Sehnsucht zusammentreffen,
Weinen und Lachen
aus einer Quelle fließen,
der Fluss die Schwelle überschreitet,
verliert die Regung jeden Wert.

Die Welt sie dreht sich
alle Zeit,
und ungefragt schlägt jede Stunde.
Doch im Zentrum innen,
da stehts Stille,
den Herzschlag dort -
man kennt ihn nicht.

Verloren scheint die Fähigkeit
den Weg zurück zu finden,
zur wohl gewagten Einsamkeit.
Wo Tage zur Erinnerung werden,
da geht der Blick hinaus
aus Gottes Fenster.
Dort ruh dich einfach aus.

Nachwort

Was macht den Menschen aus? Sein Recht zur Individualität? Schaffenskraft? Folgerichtiges Handeln? Ganzheitliches Dasein? Sicher ein wenig von allem. Aber auch die Fähigkeit, durch Erlebnisse und Erfahrung zu lernen, Handlungsweisen zu überdenken und zu ändern.

Als Zielorientierung für Daseinsveränderungen eignen sich am besten allgemeingültige, für das Leben förderliche Kriterien. Und eine Aufforderung, unser Dasein nicht so egoistisch aufzubauen, dass andere Werte dagegen verblassen. J.W. Goethe fasste es in die anregenden Worte: „edel sei der Mensch, hilfreich und gut, denn das allein unterscheidet ihn von allen Wesen, die wir kennen".

Jeder hat dazu seine eigene Meinung. Aber wer würde sagen, dass Nächstenliebe gegenüber allen Lebewesen einen Schaden verursacht. In einer Welt, in der die Menschen bereits einiges übersehen haben, um das Zusammenleben angenehm zu gestalten und den Planeten zu erhalten, ist eine friedliche und förderliche Haltung den Menschen und der Umwelt gegenüber, der nächsten folgerichtige Schritt.

Ich habe hunderte Gedichte geschrieben in einer langen Zeitperiode. Am Ende hatte nichts Bestand. Nur die großartige Liebe zu allen Dingen. Wenn man sie in das Leben verteilt – immer und immer wieder -, dann wird das Leben um uns herum mit der Zeit einfach angenehmer, liebenswerter.

Es ist leichter als man denkt. Man braucht nur ein wenig sein Herz dafür zu öffnen. Da sind wir wieder bei Lyrik. Wenn wir unser Inneres für eine umfassende Nächstenliebe öffnen, die jedes Lebewesen einschließt, dann sind wir bei einem der ungewöhnlichsten Gedichte der Welt. Dem lebendigen Gedicht. Uns selbst. Wenn wir in der Lage sind, die großartige Liebe für alles Sein in uns aufzunehmen und ein paar Tropfen davon auch zu verteilen, *dann wird der Einzelne zum schönsten Gedicht,* das die Welt je gesehen hat.

Dan Becker